Patrick Rabe

Sulamiths Äpfel

Poeme aus dem Garten der Geschlechter

Books on Demand, Norderstedt

Impressum:
"Sulamiths Äpfel"
Originalausgabe
Frühling 2017
©Patrick Rabe, 2017
Herstellung und Verlag: BoD
Books on Demand, Norderstedt
ISBN: 9783743175945
Das Werk ist urheberrechtlich geschützt.

Umschlaggestaltung: Books on Demand
Umschlagsillustration: ©Ulrich Leive "Ich komme in meinen Garten" aus der Serie "Hohelied"

Grußwort

Patrick Rabe schreibt ein Buch über Männer und Frauen? Ich weiß, ich wollte das nie tun, jedenfalls nicht so explizit. Manchmal jedoch braucht es nur die Würze eines Flirts, um seine Meinung zu ändern...

In "Eros und Agape" versuchte ich, die Begegnung, das Ringen und Zusammenspielen von göttlicher und irdischer Liebe aufleuchten zu lassen, es ging mir darum, zu zeigen, dass man diese nicht, wie es jahrhundertelang oft getan wurde, als Gegensätze auffassen muss.

In "Gottes Zelt" wandte ich mich ganz der Agape zu und beschrieb meine Gottesbeziehung und meinen Weg mit Jesus Christus. Der Eros ist in diesem Werk nicht ausgeklammert, doch spielt er hier eine untergeordnete Rolle.

Im vorliegenden Werk, "Sulamiths Äpfel" geht es mir um den Eros und seine Spielarten. Ich führe meine Leser(innen) in einen Lustgarten, in dem das ewige Spiel der Geschlechter seinen Lauf nimmt. Mal locker-heiter, in der Pariser Dachwohnung eines losen Bohemiens, mal orientalisch deftig und voller Ornamente wie zwischen Salomo und Sulamith. Der Abgrund zwischen Yin und Yang, dann, wenn das Liebesspiel zum Kriegsspiel wird, wenn Glück in Tragik, Respekt in Machtkämpfe mündet und tiefe Wunden entstehen, all dies bildet den Mittelteil meines Buches. Erschreckt und erschüttert habe ich in meinem Leben immer wieder vor der Tatsache gestanden, dass Männer und Frauen aneinander Täter werden können. Das Gleichgewicht zwischen den Geschlechtern ist etwas sehr sensibles, diffiziles. Nur Vertrauen und Liebe auf einer anderen Ebene als der des reinen Begehrens kann Wunden heilen und Würde wiederherstellen. Ein Buch über die Geschlechter aus Männersicht, von einem Poeten.

Wie eine Rose unter den Dornen, so ist meine Freundin unter den Mädchen.
(Das Hohelied Salomos, Die Bibel)

Wie ein Apfelbaum unter den Bäumen des Waldes, so ist mein Freund unter den Jünglingen.
(Das Hohelied Salomos, Die Bibel)

Sex ist eine Schlacht, Liebe ist Krieg!
("Wollt ihr das Bett in Flammen sehen", Rammstein)

Du kannst überall Liebe finden,
du wirst nicht aufhören, ihr nachzuspüren,
aber Respekt ist das Einzige, was dich retten kann
vor ihren Falltüren.
("Respekt", Tom Liwa)

Die Zeit, die du an deine Rose verloren hast, sie macht deine Rose so wichtig.
(Der kleine Prinz, Antoine de Saint-Exúpery)

If you love somebody, set them free!
(Sting, im gleichnamigen Song)

Als Eva noch in Adam war, gab es keinen Tod. Als sie sich von ihm trennte, entstand der Tod. Wenn sie wieder in ihn hineingeht und er sie zu sich nimmt, wird es keinen Tod mehr geben.
(Evangelium nach Philippus, Logion 71)

Komm, mein Freund, lass uns aufs Feld hinausgehen und unter Zyperblumen die Nacht verbringen, dass wir früh aufbrechen zu den Weinbergen und sehen, ob der Weinstock sprosst und seine Blüten aufgehen, ob die Granatbäume blühen. Da will ich dir meine Liebe schenken.
(Das Hohelied Salomos, Die Bibel)

Yin & Yang I

Yang ist schwarz und Yin ist weiß,
komm, wir drehen uns im Kreis,
wenn du lachst, dann wird mir heiß,
Tränen, Blut und Männerschweiß!

Salomo und Sulamith
spüren ihres Herzens Beat,
der sie in den Garten zieht...
Seht euch an, was dann geschieht!

Wie zwei Zicklein ihre Brüste,
wecken wilde Mannsgelüste,
wenn er nur im Ansatz wüsste,
was er mit ihr machen müsste!

Also dringt er mit Gewalt
ein in ihre Weibsgestalt,
Haut an Haut im Rhythmus knallt,
Stöhnen und auch Schreien hallt!

Was uns Cupido verschwieg:
In den Lenden wohnt der Krieg.
Wenn ich nahe bei dir lieg,
hoffst wie ich du auf den Sieg!

Was beim Mann der Stachel ist,
ist beim Weibe der Abyss,
spießt er sie auch auf gewiss,
sie ihn doch hinunterriss!

Yin ist weiß und Yang ist schwarz,
Flüssigkeiten, süß wie Harz,
Speise deines Widerparts.
Das Vertrauen? Man verscharrt's!

Seasick Love

Our ship was lost at sea,
in a cabin you and me,
struggeling with reality,
cought inside a dream.

Deal with pain to get above,
do just, what you're dreaming of,
'cause for some, the power of love
is nothing but a scheme.

Dear Girl Sulamith,
you're the medicine I need.
Dear girl Sulamith,
Our gods, they make us bleed.

Come on, let's make peace inside,
together holding back the night,
with two candles burning bright
we'll make it untill day!

Now I sit and write these lines,
try a word, that truly finds,
what I really wanna say...
I need some breakfast, anyway!

Dear Girl Sulamith,
drink the wine and smoke the weed.
Dear girl Sulamith,
you're the music, I'm the beat.

Anschlag bei der Singlebörse

Ein fein Liebchen möcht' ich haben
wie die Fee im Fairy Tale,
an ihr könnte ich mich laben,
schrieb ihr jeden Tag 'ne Mail.

Würd' sie wässern und begießen,
dass sie immer höher wüchs'
und als Rasen würde sprießen
über Unterwelt und Styx.

Schenkt' ihr Blumen alle Tage,
Rosen rot und Veilchen blau,
und dann stellt' ich ihr die Frage:
Wirst du heute meine Frau?

Bin ab heut dein Papageno
und erfüll dir jeden Traum,
sag ihn mündlich, schriftlich, steno,
und schon baden wir im Schaum.

Schaum von Engeln, Schaum von Göttern,
den bezahlen kann kein Geld,
biet ich heut ihr auf den Brettern,
die bedeuten tun die Welt.

Spiel den Don Juan am Morgen,
abends spiel ich Romeo,
küsse weg verrückte Sorgen,
sogar Shakespeares Lerche floh.

Fahr mit ihr zum Turm von Pisa,
bieg ihn grade, wenn sie will,
nenn sie Linda, Laura, Lisa
werd von Preisungen nicht still.

Köpfte für sie die Medusa,
holte Brunhild aus dem Ring,
denn ich bin ja nicht so'n Loser,
nein, ich mach', wovon ich sing.

Bin ich selbst mal nicht der Tolle,
hängt das Kinn mir bis zum Bauch,
wünsch ich mir 'ne Liebevolle,
die mich wiegt und tröstet auch.

Ihr versprech ich meine Arme,
meine Liebe, meine Zeit,
meine Zuwendung, die warme,
und 'ne Wohnung, wenn es schneit.

Hätte ich nur ein fein's Liebchen,
wie im Märchen, wunderschön,
wär' ich Mägdleins treues Bübchen,
würd' ihr stets den Kopf verdreh'n.

Solltet ihr so eine kennen,
schickt sie bitte schnell zu mir,
möchte bald sie Freundin nennen,
dass ich nächtens nicht mehr frier'!

Der Poet

Ich hab noch Bilder von Tanja auf Korfu
und von Lena am Eiffelturm,
ich denke gern an die Nächte im "Gruenspan",
meine Jugend war wie ein Sturm.
Jede Liebe hat ihre Lieder,
jede Nacht hat ihren Traum,
und noch mehr als meine Freiheit
liebe ich nur die Frauen.

Meine Zeit rinnt durch die Finger,
viel hab ich nie gehabt,
und zu mehr als zu `nem Poeten
war ich auch nie begabt.
Ach, ich hab zwei linke Hände,
einparken kann man damit kaum,
und noch mehr als meine Freiheit
liebe ich nur die Frauen.

Auf die heiße Herdplatte fassen,
nur um zu wissen wie's geht,
mit den Hai`n um die Wette zu schwimmen,
damit man die Angst versteht,
und das dann als Gedicht aufzuschreiben,
Verse aus Asche und Schaum,
und noch mehr als meine Freiheit
liebe ich nur die Frauen.

Oft treibe ich mich in den Cafes rum,
wo sich die Künstlerwelt trifft,
die sind meistens sehr überlaufen,
auf alt gemacht und versifft.
Bei einem Glas Rotwein check ich die Lage,

und sage dir im Vertrauen:
ja, noch mehr als meine Freiheit
liebe ich nur die Frauen.

So viele Frauen in so vielen Nächten,
doch Jeanny allein ist der Schatz,
auf den sich meine Hoffnungen richten,
ihr nur gebührt jener Platz
an meiner Seite, ich warte seit Zeiten,
doch leer neben mir ist der Raum,
und noch mehr als meine Freiheit
liebe ich nur die Frauen.

Ich liebe die Stadt und den Kiez und den Hafen,
das Bier, den Kaffee und den Wein,
ich lieb schöne Stunden an verzauberten Orten,
mit Freunden, zu zweit und allein,
lieb Hesse und Kafka, Nils Koppruch, Tom Liwa,
und den Himmel im Morgengrauen,
doch noch mehr als meine Freiheit
liebe ich nur die Frauen.

Mein Stift hat schon viele Geschichten geschrieben,
die meisten hab ich erlebt,
und was nicht wahr ist, das hab ich erfunden,
ich hoff, dass ihr mir vergebt.
Ich bin halt ein Spacken mit Herz, ein Dichter,
ein Denker, ein Sänger, ein Clown,
und noch viel mehr als meine Freiheit
liebe ich nur die Frauen.

Bohemien

Mein Paris trägt Kronjuwelen im gestirnten Himmel,
in der Flasche Wein und in den Straßen viel Gewimmel.
Ich schreib ein neues Epos, vielleicht sollte ich mal schlafen,
jedoch in meinen Träumen wimmelt es vor schwarzen Schafen!

Grad mal Geld für Kaffee, halt wie immer Bohemien,
und die feinen Damen sehen mich nur schräge an.
Doch das stört mich gar nicht, ich steh eh mehr auf versifft,
Hippieweiber, volle Leiber, Batikhemd, bekifft.

Ich führ' mein Leben eben
stets in der Bohème,
was kann ich dem Leben geben,
wenn ich mich nur schäme?
In einem heavy Chevy-
Taxi nach Paris,
wo ich die Cherry marry,
ist sie nicht echt süß?

Die Nacht hat Liebeskummer nach dem neuen Morgen,
ich muss mir halt ein Licht von deinen Augen borgen...
Es leuchtet zärtlich scheu durch meine Mannsgedanken,
mir ist danach, dir inniglich in deinen Arm zu schwanken.

Doch ich muss weiter schreiben von Ulyss' auf seiner Reise,
ich hebe kurz mein Pony und ich fütter meine Meise.
Sie zwitschert schöne Lieder und auch ich bin angezwitschert,
die Tinte ist fast alle und den Wein hab ich verpütschert...

Ich führ' mein Leben eben
stets in der Bohème,
was kann ich dem Leben geben,
wenn ich mich nur schäme?
In einem heavy Chevy-
Taxi nach Paris,
wo ich die Cherry marry,
ist sie nicht echt süß?

Ich träume dich als Venus her, als sündige Nereide,
ich stell mir vor, wie ich dich in den Kissen sanft entkleide...
Ich schrieb's auch schon in Versen, aber stets nur in den bösen,
die handelten dann immer nur vom Fesseln und Erlösen...

von schwarzen Strapsen und von weißen Augenbinden...
Doch könnten meine Leser ja bei solchem Zeug erblinden.
Drum schreib ich noch ein Bett-Sonett und lass meinen Ulyss,
bevor ich eine Flasche Wein in die Toilette piss'.

Ich führ' mein Leben eben
stets in der Bohème,
was kann ich dem Leben geben,
wenn ich mich nur schäme?
In einem heavy Chevy-
Taxi nach Paris,
wo ich die Cherry marry,
ist sie nicht echt süß?

Die Nacht hat tausend Sterne, ich geh in der Frühe schlafen,
auf meiner Weide wimmelt es vor fetten, schwarzen Schafen,
und keine sieben mageren, um alle aufzufressen,
ich glaub, den Dr. Josef Freud kann ich getrost vergessen.

Der Pharao träumt auch ganz selig von Frau Potiphar,
und wie er ihr den Hof macht als Kaiser und als Zar.
Ich wache auf zu Autohupen, Straßen voll Gewimmel,
mein Paris trägt Sonnenschein im naseweisen Himmel.

Ich führ' mein Leben eben
stets in der Bohème,
was kann ich dem Leben geben,
wenn ich mich nur schäme?
In einem heavy Chevy-
Taxi nach Paris,
wo ich die Cherry marry,
ist sie nicht echt süß?

Liebestraum (Paris im Mai)

Dich an mich drücken
gleich Blütenschäumen
in vor Entzücken
durchglühten Träumen,
das muss das Wahre, das Schöne sein,
dem ich entgegenstöhne: "Mein!"

Mein sollst du sein
und ich der deine,
im Mondenschein
am Rand der Seine.
Paris soll mit uns neu auferstehn,
und morgens das Wunder der Liebe sehn.

Beglückt, so schleichen
wir durch Montmartre,
verrückt erweichen
wir einen Padre,
uns hier zu trauen an Ort und Stell',
zum Katzenmiauen, zum Hundsgebell.

Ein Maler malt uns
im Licht der Sterne,
und er bezahlt uns
den Rotwein gerne.
So trinken und plaudern wir durch die Nacht,
bis ohne Zaudern der Tag erwacht.

Dann liegt das Paar schon
in seinem Bette,
während der Garçon
ein Flittchen rette
vor'm heißen Verkehr am Moulin Rouge,
und sich Paris im Mairegen wusch.

Stadt der Liebe

In dunklen Gassen, fern der Villen
treibt sich ein Schatten durch die Stadt,
stets hoffend, seinen Durst zu stillen,
den Brand, den er im Herzen hat.

Vor einem ach-so-lieben Fenster
verharrt er lang und schaut hinauf,
stets im Gewahrsam der Gespenster,
wenn sie erst kommen, Freund, dann lauf!

Lässt das Gesicht, so blond umrandet,
sich heut nicht sehen, bleibt es fort?
Muss er etwa alleine gehen
von diesem so geliebten Ort?

Marie liegt einsam in der Kammer,
verzehrt vor Sehnsucht sich, und träumt
durch all den großen Herzensjammer
von ihrem wilden Jugendfreund.

Ist er den Häschern schon gelaufen
in ihren mörderischen Griff?
Wird er nie wieder mit ihr saufen?
Marie erschrickt; es tönt ein Pfiff!

Sie stößt das Fenster auf zur Gasse,
auf ihren Wangen heißes Rot...
"Ihr seid's Villon! Macht, dass ich's fasse.
Ich wähnte euch perdue und tot!"

"Nein, nein!", ruft die Gestalt im Schatten,
"Der Tod hat mich noch nicht gekrallt,
er füllte seinen Wanst, den satten,
noch nicht mit meiner Hundsgestalt!"

"Ich fröne weiter meinen Lüsten,
noch längst hat man mich nicht gehängt.
Das Herz dort zwischen euren Brüsten
sagt, ob es wohl an mich noch denkt?"

"Oh Francois, ja, immer, immer,
ich sehne mich nach eurem Kuss!
Oh, bitte kommt doch in mein Zimmer,
verwehrt mir nimmer den Genuss!"

So liegt Villon, der Vogelfreie
heut Nacht bei Mademoiselle Marie,
er ist noch lang nicht an der Reihe,
der beste Küsser von Paris...

Krokusnest

Morgenluft umweht mich,
in den Pflanzen rühr'n sich Triebe,
ich bin voll auf Zinne,
könnte sein, ich brauche Liebe!
Diese Spannung gibt mir voll den Rest,
willkommen, Freunde, beim Rohrschachttest,
im Radio Jens Friebe,
in meinem Garten ruht ein Krokusnest.

Du grüßt mich auf Facebook,
in 'nem Negligè mit Veilchen,
du bist ein Versprechen,
warte, warte nur ein Weilchen!
Wenn ich dich hab, halt ich dich fest,
doch nur so doll, wie du mich lässt!
Sonst gibt's das Hackebeilchen.
Wir lieben uns im gelben Krokusnest!

Mein Nachbar schreibt ein Büchlein
von Jesu großer Treue,
sein Zeisig ist mein Pastor,
das Pornoheft, das mich erfreue.
"ignoscere divinum est",
s'ist falsch zitiert, Latein die Pest!
Loblieder in die Bläue!
In Ruhe singt das zarte Krokusnest.

All die ganzen Enten,
warum macht die keiner glücklich?
Sie quaken rum auf Twitter
und benehmen sich unschicklich.
Einst sagte wer: "West ist the best!",
auf Père Lachaise Regen nässt,
am End war Jimbo dicklich,
auf seinem Grab wächst froh ein Krokusnest.

Blut am Holz des Kreuzes,
im Rasen liegen Ostereier,
Vögel in den Lüften,
ich geh spazier'n am alten Weiher.
Wenn ihr den Tod endlich vergesst,
beginnt das Herzensfrühlingsfest,
des Lebens Siegesfeier,
gekrönt von einem Oster-Krokusnest.

Frühlingsgefühle

Lecke meinen Rost,
trinke meinen Most,
labe dich am Blut der nackten Schlange.
Brich den Bund zum Tod,
Höhne dem Verbot,
tanze für mich stöhnend an der Stange.

Ja, ich bin ein Mann,
werf' den Motor an,
heute geht die Fahrt zur See, mein Mädchen!
Tauche in die Flut,
werde wieder gut,
spür die Säfte wallen, dreh am Rädchen!

Trink den Traubensaft,
der gibt wieder Kraft,
glaube mir, der Vorhang ist zerrissen!
Fröhlich und befreit
teilen wir die Zeit,
sinken frühlingslüstern in die Kissen...

Marleen

Wieder mal hab ich den Tag geschafft,
aus den Adern rinnt leis' die Lebenskraft.
Mit Wein führ ich sie mir neu zu;
die Nacht ist klar, ich geh noch nicht zur Ruh.
Wie viele Freunde hab ich schon verlor'n,
wie oft bin ich gestorben, neu gebor'n,
bin wie der Wind, der über Felder geht,
doch hab ein Herz, das jeden Kampf besteht.

Dein blondes Haar bringt Licht in meine Nacht;
geweint hab ich, Kind, und du hast gelacht,
du hast mir meinen Schlaf und meinen Gott geraubt,
an deine beiden Brüste nur hab ich geglaubt.
Zerbroch'ne Schalen offerierst du mir im Bett,
mein Mörderbruder spielt für uns Spinett,
und ich vergab ihm längst, dass er ein Mörder ist,
weil jeder sich die Hölle selbst zumisst.

Ich halte dich am Morgen fest im Arm,
dein Körper macht mir Bett und Seele warm,
und gierig sauge ich an deinem Mund,
dein süßes Gift macht mich erneut gesund.
Ich danke dir, mein Kind der neuen Zeit,
du hast mich einmal mehr vom Leid befreit.
Wenn du jetzt gehst, grüßt freundlich uns der Tag,
Marleen, du Glück, das gestern bei mir lag.

Katzenaugen

Ich ging im Park spazieren, wusste nicht, wie's weitergeht,
ich war leicht zu verführen, du hast mir den Kopf verdreht
mit deinen Katzenaugen, mit deiner sanften Macht,
mit nichts als einem Flüstern: Komm, folg' mir in die Nacht.

Dein Spiel ging auf, ich wusste: hier hab ich meinen Stern.
Ich tat nur, was ich musste, doch ja!- ich tat es gern.
In deinen Katzenaugen, in deinem Blick versteckt,
hab ich geglaubt, ich hätte ein Stück von mir entdeckt.

Die erste Nacht: ein Fließen, ein Greifen in die Luft.
Wir beide überließen uns ganz dem schweren Duft
des frühlingssatten Flieders, der vor dem Fenster wuchs,
und doch war deine Seele stets wachsam wie ein Luchs.

Ich hielt mich für deinesgleichen und uns für ein Gespann,
doch dann stelltest du die Weichen und mich ganz hinten an.
Ich lag in deinen Armen noch bis zum Morgenrot,
und deine Katzenaugen, sie spiegelten den Tod.

Ich geh im Park spazieren und weiß nicht, wie's weitergeht,
ich würd' dich gern berühren, doch jeder Liebesschmerz vergeht.
Eine Katze seh' ich huschen, hör, wie sie den Mond angreint,
sie versucht es zu vertuschen, doch sie ist traurig, wie mir scheint.

Kristall und Rose

Von Amethysten, Rosenquarz und Glimmer
weiß ich zwar leider gar nicht viel zu sagen,
doch seh' ich in des Sonnenaufgangs Schimmer
den Helios auf seinem gold'nen Wagen.

Und manche Liebste blühte in den Nächten
so rosengleich und stach mit ihrem Dorn,
du schworst ihr ab, lobsingend dunklen Mächten,
Selene aber spielt das Spiel von vorn.

Und wie die Kinder niemals satt sind von der Liebe,
so dürsten wir bei Tag, und auch bei Nacht
und gleichen glatten Edelsteinen.

Ach, wenn Aurora immer bei dir bliebe!
Doch sie hat sich bereits davon gemacht...
Du drehst dich in den Kissen und musst weinen.

Christusmord

Du bist aus Gras, deshalb muss ich dich rauchen,
die Glut, die von dir bleibt, schmilzt den Asphalt,
im Taumel der Äonen wirst du bald
ein Fisch, kannst zu Korallenriffen tauchen.

Du bist der Allerschaffer aus der Dose,
der knistern lässt, wer arglos in dich fasst.
Die Kathedrale wird zum Galgenast,
sie ragt, den Höchsten lästernd, aus der Hose.

Wie Porzellan sind deine zarten Wimpern,
doch bald erscheint der weiße Elefant,
der Judas, der dich in die Gosse tritt.

Er sprenkelt Dichterverse mit "Igitt",
ein Häher, der dich reihernd übermannt,
er flüstert ehrfurchtslos: "Ich will dich pimpern!"

Das Konzert

Ich sah dich auf der Bühne stehen,
cool, klein und connected;
du hattest den Saal in deiner Hand.
Im muffigen Plüsch der Sessel
lauschten sehnsüchtige Teufel
deiner Wahrheit, die sich nur
in einem Meer der Lügen frei fühlt.

This is the land of the livin' dead.
Der dankbaren Toten, wohlgemerkt.
Du singst dein Lied
und den Erlauchten ist es
eine Eucharistie.
Dem Pöbel ist es dämonischer Dreck.
Du machst alles falsch.
Dafür gilt dir mein Respekt.

Der Knast spuckte dich auf diese Hinterhofbühne,
Licht brennt in Haut und Knochen,
mehr bist du nicht, aber das genügt vollauf.
Du begehst keine Sünden,
du bist nur du selbst.
Aber das schlechte Gewissen von Jahrhunderten
bringt noch den reinsten Engel zu Fall.

Sollen wir uns schämen, weil wir vögeln,
saufen, lügen, lästern und zu Silvester böllern,
wie unsere Vorfahren alle auch?
Wir sind im Knast, nicht du.
Du bist frei, weil du singst,
was wir alle nur denken.

Sie ist das Opfer, sie ist der Stellvertreter.
Und sie herrscht über uns alle zur Rechten der Kraft.
Sünden begehen zu können
erfordert manchmal mehr Mut,
als der Sünde zu widerstehen.
Sie surft auf einem schwarzen Surfbrett,
sie läuft ins Messer
und reinigt den Saal mit ihrem Blut.

Du kommst von der Bühne,
mit Rosen bedeckt.
Ich küsse dich (nur in Gedanken).
Heute Nacht werde ich auf dich wichsen,
das macht dein Kreuz kaum schwerer.
Und ich bin auf der Straße,
sie führt in den Himmel,
ein Opfer der Nacht,
ein Sieger im Lichte.

Im Fleische

In Nächten mäandern die Schmerzen wie Vögel ohne Himmel.
Ich trinke Lebensblut am überhellen Rechner,
berausche mich an Gold und Manna,
bin wieder Kind, im Hause Gottes.
Tausend Chatrooms, bronzegleiche Haut in naiver Erregung,
Vorhautelysium explodierend in deiner Wärme,
finde Glück im Gospel trüber Pornoseiten,
Radiowellen meiner Heimat, trügerische Sicherheit,
kurz Heiligkeit im Selbst des gesalbten Kopfes,
ein Weg im Dunkel wie eine Herzbahn.
Dort kann ich gehen, glaub ich zu wissen,
ein Weg nach Hause für die Dauer der Sterne.

Am Morgen Erwachen, schmutzig aufatmen,
"Der Dreck ist noch da!", murmelst du glücklich.
Kein Jahwe, kein Krishna, nur Schnee vor dem Fenster
und brühheißer Kaffee im Kreuzfeuer wilder
und unheimlicher realismuskotzender Dysangelien.
Du bist nicht gerettet, nur kurzen Balsam brachte die Nacht,
zwischen C.S. Lewis, Lewis Carroll und aufgeschlitzten Levisjeans
an den Beinen deiner ungewaschenen Nachbarin.
Ein Song, "No Expectations", vertreibt die Phantome
und kräftigt den Tag im burlesken Imperium.
Du rufst einen Freund an, mit dem Telefon, Festnetzflat,
ihr redet von Jah, als ob es ihn gäbe.
Ihr seid keine Seligen,
ihr seid reisende Lichtesser in stinkenden Kleidern,
Verwundete Gottes.
Und eure Wunde ist Leben.

Fleisch ist das Gesetz

Fleisch ist das Gesetz.
Zwei Körper wie abgezirkelt.
Wittern einander.
Fleisch stinkt.
Blut ist geil.
Schweiß ist wahr.
Fleisch ist das Gesetz.

Der Mensch ist ein Gesetzesbrecher.
Er sieht sich so, wie er nicht ist.
Schafft sich Regeln, Formen, Werte,
Die ihn von seiner wahren Art trennen.
Der Mensch ist kein Gott,
Indem er das Tier zähmt.
Er ist vertiertes Tier,
Perver- Tiertes Tier,
Zappelnder Lügner in einem Meer von Angst.
Der Mensch nennt es Kultur
Und hält sich für groß.
Die Natur nennt es Neurose
Und lacht sich kaputt.
Der Mensch ist ein Gesetzesbecher.

Erfüllen wir das Gesetz.
Seien wir wir selbst.
Fallen wir übereinander her
Ohne Scham, ohne Angst.
Nur das befreite Tier wird Liebe,
Nur das befreite Tier ist schön.
Und ich sehe in deinen funkelnden Wolfsaugen
Das, was ich zum Leben brauche.
Ja, ich will dich fressen.

Stille meinen Hunger,
Mach meine Bestie schön.
Errege dich
Und mich.
Fleisch ist das Gesetz.
Erfüllen wir es.

Beruf und Privates

Du warst 'ne Kollegin in meinem Büro,
ein ganz nettes Girl, klein, doch ziemlich oho!
Drei Jahre schon stets in der selben Abteilung,
dann gingen wir aus, doch bei mir keine Peilung.

Oft merken ja Männer erst relativ spät,
wenn bei einer Frau sexuell etwas geht,
da hilft's, einen freundlichen Ort aufzusuchen,
und Sein Herz zu erweichen bei Kaffee und Kuchen.

Wir saßen im Straßencafe und fühlten uns frei,
wir plauderten über Musik und den Mai,
als ich Dir dabei in die Augen sah,
da sagtest Du zu mir: Du bist mir so nah.

Dann kamst Du auf'n Sprung noch mit zu mir,
meine Bücher und Bilder gefielen Dir,
dann haben wir uns ganz zärtlich umfasst,
und Du hast mir gesagt, dass du Herzklopfen hast.

Zwei Tage später kam ich von der Arbeit heim,
ich war erschossen und mal wieder allein,
da kam Dein Anruf, du fragtest: „Bist du da?"
Und ich sagte nur: „Kannst kommen, na klar."

Ich wusste natürlich, Du hast einen Freund,
und doch hab ich manchmal von Dir geträumt,
ich ahnte schon, nach dem, was neulich geschah,
Deine Liebe, Dein Kuss sind zum Greifen nah.

Als Du dann da warst, war's brizzelig,
ich dachte nur bei mir: gleich küsst sie mich!
Und dennoch haben wir uns noch ein Weilchen umkreist,
wir hielten Händchen und tauten das Eis.

Doch plötzlich war'n wir im Kuss vereint,
Dein Körper und meiner wie zusammengeleimt,
wir ließen uns treiben, liebkosten uns,
ganz pur und voll Hitze, ohne Taktik und Kunst.

Beim Küssen hab ich Dir in die Augen geseh'n,
Dein Blick schien zu fragen: Wie weit woll'n wir geh'n,
doch die Antwort folgte sofort auf dem Fuß:
Weiter, nur weiter, wir geh'n mit dem Fluss.

In Dir zu sein war verdammt intensiv,
kaum auszuhalten, wie's meinen Körper durchlief,
wir kamen uns näher mit jedem Stoß,
danach sanken wir ineinander, atemlos.

Die Zigarette danach, die musste dann sein,
und ich trank `n Bier, denn ich hatte kein' Wein.
„Kollegin!", sagte ich, „Ich muss jetzt ein' zischen,
so wie wir hier Beruf und Privates vermischen!"

Der Abschied war locker und doch liebevoll,
du sagtest, dass ich dich zum Bus bringen soll.
Ein Kuss noch, dann gingst Du durch die drehbare Tür,
und ich war fürs erste wieder alleine mit mir.

Blondchen

Neckisch' Blondchen, zarte Süße,
lutscht so keck an einem Eis.
Wie ich deinen Blick genieße,
lässt mich schauern kalt und heiß.

Muss dich mit nach Hause nehmen,
bist du auch erst 17 Jahr.
Soll ich mich deswegen schämen?
Sag es bloß nicht der Mama!

Würde die es jemals ahnen,
dass ihr Kätzchen heimlich maust,
würde es ihr jemals schwanen,
dass du hemmungslos miaust?

Neckisch' Blondchen, zarte Süße,
bring dich noch zu eurem Haus,
von mir deine Mutter grüße,
doch erzähl ihr nichts genau's.

Septembermond

Die Tage waren warm und das Getreide
stand reif und golden auf dem Weizenfeld,
ich spürte dich halb liebend, halb im Leide,
wie jemand, der den Tod im Arme hält.

Ach, alles stirbt, und alles muss vergehen,
doch deine Lippen sterben wunderschön
auf meinem Mund, und all mein banges Flehen
verweht der warme Sommerabschieds-Föhn.

Ein roter Mond und deine blauen Augen,
sie brennen sich in mein Gedächtnis ein,
so will ich deine Liebe in mich saugen
und mich berauschen an ihr, wie an gutem Wein.

Und deine Hand liebkost mich wie ein ferner Schatten,
der flüchtig ist, und der bei Tag verfliegt,
Erinnerung an Zeiten, die wir hatten,
bevor des Sommers Ende unser Glück besiegt.

Im Heu, im Heu, da lassen wir die Liebe,
da lassen wir, was sich zu wissen lohnt,
dein höchstes Gut, das gabst du gern dem Diebe,
und Zeuge war nur der Septembermond.

Blues für Liza

Ich sitz traurig am Traintrack
und ich schrubb' die Gitarre heiß!
Ich sitz traurig am Traintrack
und ich schrubb' die Gitarre heiß!
Und ich frag mich, ob Liza
immer noch von mir weiß?

Ich hab nichts mehr zu essen
und das Trinken, das fehlt mir auch!
Ich hab nichts mehr zu essen
und das Trinken, das fehlt mir auch!
Ich wünschte, man gäb mir so Schoten,
ich brauch etwas in meinem Bauch!

Liza war eine Schönheit,
in ganz Louisiana bekannt.
Liza war eine Schönheit,
in ganz Louisiana bekannt.
Mit den Waffen der Weiber
hat sie manchen Mann übermannt.

Ich ging mit ihr aufs Zimmer
und blieb bei ihr die ganze Nacht.
Ich ging mit ihr aufs Zimmer
und blieb bei ihr die ganze Nacht.
Legte das Kruzifix zu der Lampe,
die uns beiden Licht gemacht.

Und sie ritt mich wie'n Teufel
und sie saugte, wo Mann's gerne hat.
Und sie ritt mich wie'n Teufel
und sie saugte, wo Mann's gerne hat.
Draußen graute der Morgen,
Liza ging und ich war platt.

Und ich sah auf den Nachttisch;
Junge, büße und sprich ein Gebet!
Und ich sah auf den Nachttisch;
Junge, büße und sprich ein Gebet!
Denn das Kreuz, es lag falschrum,
sie hat Jesus umgedreht!

Jetzt sitz ich hier am Traintrack
und ich glaube, ich hab den Blues!
Jetzt sitz ich hier am Traintrack
und ich glaube, ich hab den Blues!
Und ich denke an Liza
und an ihren französischen Kuss!

Ach, ich liebe die Frauen, Baby,
und auch dich, die du nicht bei mir bist!
Ach, ich liebe die Frauen, Baby,
und auch dich, die du nicht bei mir bist!
Hast mich ganz schön auf's Kreuz gelegt,
wie meinen Saviour Jesus Christ!

Schwarze Frau

Schwarze Frau beim Reigentanze,
schwarze Schleier, schwarzes Herz,
rührt mir neckisch meine Lanze,
die sich richtet himmelwärts.

Schwarze Frau, dich will ich haben,
nacktes Fleisch für eine Nacht,
mich an deinen Brüsten laben,
bis der neue Tag erwacht.

Schwarze Frau, in deinen Kissen
finde ich mein Heimatland,
lasse fahren mein Gewissen,
lassen fahren den Verstand.

Schwarze Frau, und sie verschlingt mich
Opfertier mit Haut und Haar,
und zum dunklen Himmel schwingt sich
eine Eule wie ein Mahr.

Schwarze Frau, ich bin gefangen
in der schwarzen Seele dein.
Kann nach draußen ich gelangen
wieder zu der Sonne Schein?

Schwarze Frau, gleich einem Marder
fress ich dich von innen auf,
lass' als Mördergruß ein Haar da,
küss dein blut'ges Bett und lauf!

Unrat

Sie:
ein stinkender Kothaufen,
verbreitend den Geruch
von Selbstablehnung,
Nutzlosigkeit und Schmarotzertum,
liegt immer und ständig
den wichtigen Honoratioren im Weg herum,
stinkend und bettelnd nach Liebe,
verhindert, dass Gutes geschieht,
weil die Männer, die Lichter
ausgleiten auf ihrem ekelhaften Kackgeschwulst.
Ihr wurde das Gold angeboten,
geflüstert: "Zieh reines Linnen an, dann herzen wir dich!",
doch sie zieht braunes Madentum vor
und will nichts verstehen.

Es springt ihr zur Seite
eine schwarze Tarantel,
die ihr Spinnennetz Kunst nennt
und doch ist's nur Waffe.
Sie fängt drin Libellen, viel schöner als sie
und legt giftige Eier in ihre Hirne.
Sie nimmt den Kothaufen in Schutz
und zwei Gören,
ungezogene Mädchenmonster
lachen, und belfern auf Christus,
auf den Bart der Verständigkeit
des alten Professors.

Unrat der Weiblichkeit!
Männlichkeit siege
und rette die Welt!!!

Full Moon

Full Moon,
heut bin ich duhn,
so richtig blau.
Ich sitz im Bau.
Hab meine Frau zersägt,
nachdem ich sie gelegt.

Mondschein,
heut isse mein,
das alte Flittchen.
Ich sitz im Kittchen.
Hab meine Frau verlegt,
nachdem ich sie zersägt.

La Lune,
ich bin am glüh'n,
vor lauter Schnaps.
Sitz in der Klaps.
Ich hatte Brot zersägt,
mit meiner Frau belegt.

Full Moon,
heut ess' ich Huhn,
bei mir im Bau.
Ich war sehr schlau.
Hab meine Frau zerlegt,
die Reste weggefegt.

Liberated Anima

Tanz, meine Schönste, auf der Spitze der Nadel,
kein Weib wird verdammt mehr, keine Hexe verbrannt.
Toll kühn an den Stränden,
den Sand in den Händen,
kein Inquisitor dein Herzblut verbannt.

Gespensterhaft nur ist der Mann, der dich führet,
so viel hundert Jahre warst du ihm ergeben.
Dein Flug wird begleitet
vom Tod, und er reitet
an deiner Seite, doch siegreich ist in dir das Leben.

Millionen Hexen erbrechen sich fickend
aus dem Mantel des schweigenden Fürsten.
Lärmend und liebend,
und niemals verschiebend
die Lust die Jahrhunderte brachlag.

Und Mann, der du Lilith über Zeiten geknebelt,
sei sicher, du musst ihr jetzt geben das Recht,
sie ist schäumend wie du
nach den Wonnen der Geilheit,
lass frei sie genießen und nenn sie nicht schlecht.

Wird einst die Nacht deine Spuren geleiten,
wirst frei ihr Gefährte im Dämmer du sein,
dann liebst du die Frauen,
die man scholt als das Grauen,
du tilgst ihre Schuld in der Leidenschaft Wein.

Wenn Satan das Ende der Kerze entzündet,
und Schönheit dem Tau der Brunft sich ergibt,
dann weißt du Entfessler
den Trunk wohl zu trinken,
den Most deiner Lilith, deiner Eva im Sieg.

Tanz, meine Schönste, auf der Spitze der Nadel,
kein Weib wird verdammt mehr, keine Hexe verbrannt.
Zeig dich im Spiegel
öffne das Siegel,
kein Mann schilt dich Hure,
sei frei nun genannt.

Königskinder

Drei Mondsonette

Königskinder

Ein bleiches Kind schaut zaghaft in den Garten,
der Rhododendron weiß in seinem Licht.
Es sucht den Liebsten, doch es findet nicht
die Spur des Freundes, es muss weiter warten.

Im Landhaus prasst der Gutsherr vor dem Feuer,
ein Freudenmädchen streicht ihm um den Bart;
das weiße Licht, das nach ihm sucht so zart,
vergisst er bei ihr, sie ist gut und teuer.

Und doch weiß jenes Kind: Ihm gilt sein Lieben.
Er wird verwandelt sein, ist er allein.
Dann wird er wieder für die Freundin brennen.

Sie harret seiner schon der Jahre sieben,
und ruft ihn jede Nacht mit mildem Schein.
Sie weiß, einst wird sie nichts mehr von ihm trennen.

Lunatic

Ein bleiches Kind, zur Hälfte nur am Himmel,
dringt in das Hirn des Postbeamten Flor.
Er steigt im Traum auf einen Apfelschimmel
und reitet zu der Maid, die er verlor.

Ein Mädchen liegt im Schlaf, an ihrer Kehle
die Hand des Mörders, der sie sanft zudrückt.
„Jetzt endlich ich mich dir vermähle!"
Der Postbeamte Flor ist mondverrückt.

Das Mondkalb zählt wie Sterne seine Sorgen,
hab acht: *The lunatic is on the grass!*
Ansonsten deckt die Nacht uns zu im Frieden.

Und kommt die Sonne, kommt der neue Morgen,
trägt Flor die Post aus, der die Nacht vergaß.
Das Mädchen liegt im Bett, zu früh verschieden.

Des Kindes Hochzeit

Ein bleiches Kind, ganz golden vor Erwartung
trägt den Verlobungsring vom Dichterherz.
Die Kunst desselben wuchert vor Entartung,
dämonisch frönt er seinem Liebesschmerz.

Da öffnet ihm das Kind ein neues Leuchten,
und üppig glänzt die Flur in seinem Licht;
da wird dem Finstermann, dem Aufgescheuchten,
als ob sein Unglück in dem Gold zerbricht.

Und siehst du sie durch grüne Täler reiten,
geheiliget durch ihrer Seelen Band,
dann freue dich, und jauchzend jubiliere!

Du sahst die Dichtung, die zu allen Zeiten
durchflog in solchen Nächten unser Land,
im Musenkuss auf galoppiern'dem Tiere!

Die Wunde

Ich sah dich im Garten, mich berührte dein Lied,
ich folgte dir auf dein Gemach,
wie die Wunde die andere Wunde anzieht!
Es drängt nach dem Heil, was zerbrach!

Wir redeten viel, aneinander geschmiegt,
du sagtest: "Dir kann man vertrau'n!"
So hat meine Neugier mich schließlich besiegt,
ich begehrte, entblößt dich zu schau'n.

Da wurdest du bleich, und du schrieest mich an:
"So fällt Jesus von seinem Thron!
Kein Heiler bist du, sondern einfach ein Mann,
kein Engel, nein, doch ein Dämon!

Ich bitt dich, empfange den tödlichen Streich,
entsteige dem Männerkostüm,
und werde mir ähnlich, nein, werde mir gleich,
dann werde ich für dich erglüh'n!"

Da sah ich den Schatten des Mannes im Raum
und gleichfalls den Schatten der Frau,
der Leib eine Waffe, die Liebe ein Traum,
der Krieg macht die Einheit zu Schaum.

Das Opfer wird Täter, der Täter wird Kind,
ein Schwert, das uns alle zersticht.
Liebe nur heilt uns, Gewalt macht uns blind,
gerecht ist sie nicht, nur Gericht.

Die Frau ward zu Eisen, ein Mann hängt am Kreuz,
jedoch, es ist Jesus, nicht ich,
der Mensch in mir schämt sich, er weint, er bereut's,
doch die Schuld weist er wütend von sich.

Ein Mann ist ein Mann, eine Frau eine Frau,
die Liebe, sie fordert Respekt.
In jedwedem Wesen, das weiß ich genau,
auch immer sein Gegenteil steckt.

Ich küss dich, mein Kind, und das Schwert wird ein Pflug,
und der Abgrund das lost paradise.
Zeig Gott deine Wunde, die Satan dir schlug,
dann taut es, das ewige Eis.

Darf grünen ein Keim des zärtlichen Wehs
auf dem Schlachtfeld von Yin und von Yang,
dann endet die Zeit des ewigen Schnees,
dann schallt froher Minnegesang.

Der Steppenwolf (Kurzfassung)

So mancher fühlt sich in der Zeit,
in der er lebt, wie Holz, das treibt.
Er möchte gerne vieles denken,
den Musen oft Beachtung schenken,
jedoch die Zivilisation
scheint laut ihm, und nicht polyphon.
Schon Harry Haller ging es ähnlich,
die Welt war ihm viel zu gewöhnlich,
ein oberflächlich' hässlich' Graus,
er ging fast nicht mehr aus dem Haus.
Doch traf er dann das Girl Hermine,
das war 'ne wirklich heiße Biene,
die führte ihn auf's Tanzparkett,
besorgte ihm auch was für's Bett.
Er aber machte - alter Vater!-
sie kalt im magischen Theater!

Zarte Bande

Harry tötete Hermine, weil sie ihn flehend darum bat.
Doch ob das ganz in ihrem Sinne, das steht auf einem andern Blatt.
Oft ist das Betteln nach dem Ende nur ein verschärftes "Hab mich lieb!"
und nur ein Aufruf zu 'ner Wende, die eint Verstand, Gefühl und Trieb.

Der Mann, der seine Anima ermordet, wenn sie ihm sagt: "So stoß doch zu!",
hat sich im Norden eingeordet, aus seiner Liebe wird kein Schuh.
Das kleine Wesen, so geschunden, das bettelt doch um einen Kuss!
Der Schupfen wird nur überwunden, wenn man sie herzen kann zum Schluss.

Mein Mädchen, Name sei nicht wichtig, sie ist das Beste, was ich hab!
Und nur dank ihr tick ich noch richtig und lieg noch nicht komplett im Grab.
Wie oft ließ ich gemein sie liegen, wenn zitternd leis sie nach mir rief...
Ich liebte es, sehr hoch zu fliegen... da schrieb sie einen Abschiedsbrief.

Ich fand sie, in der Hand Tabletten, die Äuglein ganz und gar verweint...
Zum Glück konnt' ich die Kleine retten, sie hatt' es furchtbar ernst gemeint!
Jetzt hege ich dies kleine Wesen, und tröste es, bis es genest,
du kannst nur in der Seele lesen, wenn du dein Lieb' nicht übergehst...

Nadir

Wie ein Trip in Wüsteneinsamkeit mit dir auf meinem Dach,
und niemand fragt schon jetzt: "Was wird danach?"
Die Sonne ist das Tier des Tags und frisst den Zeitenlauf,
die Zigaretten schmelzen, es ist Ausverkauf.

Und Sulamith streicht mir die Haare, die mich blenden, aus der Sicht,
ihre Stimme bebt, ihr Herz ist ein Gedicht.
Keine Monster überleben, weitet sich der Freundin Schoß,
kleine Freuden werden, wenn du teilst, schnell groß!

Dort auf Unrat und Skeletten blüht ein Garten wunderschön,
lass mich deine Hesperidenäpfel seh'n!
Meine eine Hand umfasst dich, während mich das Heimweh schmerzt,
du schaust zu, wie meine andre Hand dich herzt.

Flamme in der Nacht, nun leuchte nur für mich und gib mir Kraft,
bring zum Fließen einen Fluss von Lebenssaft!
Die Oliven und der Oleander, schau, sie warten schon,
sei mein Mädchen, schwarze Rose aus Sharon!

Aufbruch

Morgen naht, ich greife wieder nach der Fackel,
setze Brand an alles, was nicht lebt.
Luzifer im Priesterrock, er reitet einen Dackel,
hindert Freude, die zum Frühling strebt.

Würmer einer alten, längst vergangenen Erkältung
kriechen unermüdlich durchs Gebein,
doch ich rufe: "Ich will weder Rache, noch Vergeltung,
ich will einfach nur die Liebe sein!"

Und die morsche, kranke Mutter will mich halten,
warnt mich vor des Weibes heißer Glut,
macht mit ihren Fingern meinen geilen Saft erkalten,
flüstert: "Bleibe, Sohn, ich mein' es gut!"

Doch der Sprössling lässt die Mahnung seiner Ahnen in den Knochen,
die vermodern im Familiengrab.
"Ich hab Blütenduft im Königsgartenhag gerochen,
von der Narde, die mir ihre Zeichen gab!"

Ich will meine Zeit nach rückwärts nicht vertändeln,
folge jenem Sehnen, das mich zieht;
möchte mit der Freundin im Olivenhain anbändeln:
Meiner schönen, schwarzen Sulamith!

Morgen naht, ich greife wieder nach dem Feuer,
fache an, was immer noch nicht lebt,
Rose von Sharon, ich lieb dich ungeheuer;
schau, wie sich für uns der Vorhang hebt!

Altmodisches Liebeslied in neuem Stil

(für Konstantin Wecker)

Komm, mein Lieb, wir lassen uns den Fluss hinunter treiben,
in meinen Adern rauscht der Wein.
Könnte das nicht endlich doch noch klappen mit uns beiden?
Lass uns schrecklich unvernünftig sein!

Dort beim Gastmahl zechen sie und singen alte Lieder,
ach, sie klingen mir wie Grabgesang;
bald vielleicht ertönet auch die erste Strophe wieder,
dann dauert's mit dem Frieden nicht mehr lang!

Du jedoch, in deinen Augen liegt ein Funkeln,
das glänzt wie Leben, glänzt wie Neuanfang...
Das ist ein Licht im ach-so-unermesslich Dunkeln.
Wenn ich dich leuchten seh, ist mir nicht bang!

Und deshalb, Liebste, geh'n auch unter Reiche und Gesetze,
uns're Herzen werden doch besteh'n!
Und in des Todes Angstgeschür' und Hetze
woll'n wir den Weg des Lebens geh'n!

Komm, mein Lieb, wir lassen uns den Fluss hinunter treiben,
lass uns schrecklich unvernünftig sein!
Könnte das nicht endlich doch noch klappen mit uns beiden?
Dringen wir unendlich in uns ein!!!!!

Kommt ein Vogel geflogen Part Two

Ein Liebesgruß dem fernen Schatze,
von dem, der immer an dich denkt,
der Bär hat Honig auf der Tatze,
den er den Bärenkindern schenkt.

Der Hengst, er jagt die wilde Stute,
das Huhn verehrt den schönsten Hahn,
so folgt alles seinem Blute,
ist Lieb' auch oft nur schöner Wahn.

Der Vogel flügelt mit den Winden,
ich hoffe sehr, er fliegt zu dir,
ich hoffe sehr, er wird dich finden
und bringt dir diesen Kuss von mir!

Romeos Regenlied

Dein sanftes Kreuz zu lieben, meilenweit verschieden,
war mir nicht möglich, drum hab ich gemieden
dein blondes Haar und deiner Augen Licht,
ging aus dem Weg dir, hielt dein Dunkel nicht.

Doch jetzt, im milden, traurig-blinden Regen,
lernte ich sehen, traf dich auf deinen Wegen.
Dein Blick durchdrang mein Seelenweb so warm,
und bald lag ich in deinem weichen Arm.

Dein Kuss traf meine Lippen wie ein Sturmwind,
wischt' fort den Dunst, der sich um meinen Turm spinnt,
dank dir seh ich die Sonne wieder klar,
und was die Lüge fraß, wird bei dir wieder wahr.

Und meine Hand erkundet dich im Dämmer,
am Lakenhag liebkosen sich zwei Lämmer,
die nicht dem bösen Wolf zum Opfer fiel'n
und miteinander wild-unschuldig spiel'n.

Bereitet ist das Land dem neuen Morgen,
ich liege bei dir, liebend und geborgen.
Die Lerche lehrt ihr Lied die Nachtigall,
die Sonne steigt, uns grüßt der Vögel Schall.

Vielleicht bin ich kein Held und war es nie;
Ich leb in Träumen und in Poesie,
erschaff aufs neue wieder meine Welt,
weil du es bist, die jetzt *mein* Dunkel hält.

Lilith hinter den Töpfen

Zauberin Lilith, schwarzglänzende Haare,
anmutig verführst du jeden Mann.
Zauberin Lilith, deine Schönheit ist Ware,
denn gegen Bezahlung bietest du an.

Schlangiges Mädchen, Elfenzauber,
Wind umweht sanft den geschmeidigen Leib,
spinniges Mädchen, Seelenrauber,
ewig geheimnisumwittertes Weib.

Doch wie mir scheint, verbirgst du die Seele,
dein Lilith-Sein hinter der häuslichen Haut,
und deine Dolche sind Löffel geworden,
mit denen die Zauberhand Eintöpfe braut.

Manchmal erglänzt hinter Evagedanken
scheu noch der windigen Lilith Bild,
aber du weist es geschickt in die Schranken,
hast es mit Mann und mit Kindern verhüllt.

Tage des Mordens sind lang schon vorüber
und wie Erinnerung streifen sie dich.
Dein jetziges Leben ist dir lieber,
doch manchmal lässt dich die Küche im Stich.

Dann würdest du, statt hinter Töpfen zu schmoren,
ihn gern wieder tanzen, den Lilith-Tanz,
dann würdest du gern noch einmal geboren
als Zigeunermädchen im Erntekranz.

Und dann, Lilith, seh ich dein Bild wieder schweben,
du bist auf der Wiese und nackt ist dein Fuß,
Schlangenhäute hast' im Haar und Spinnenweben.
Dir hinter den Töpfen ein freundlicher Gruß!

Marienglas

Marienglas verbirgt den Blick der Schönen,
die sich am Glanz des Lebens so erfreut.
Sie wird den Freund mit seiner Nacht versöhnen,
und mit dem Tag, den sie für ihn erneut.

Es gehen Brüche durch ihr Herz. Und Wunden,
die man ihr schlug, tun manchmal ihr noch weh.
Doch sprudelt ihr in solchen dunklen Stunden
ein Quell, so rein wie Neujahrsmorgenschnee.

Sie hält mein Glück und das so vieler andrer
umsorgend in der liebevollen Hand,
doch ist sie weder Liebste mir, noch Mutter.

Sie ist Gefährtin von dem alten Wandrer,
der den Herzbuben trägt im Mantelfutter,
und der die weise Frau im Mädchen fand.

für Laila

Dein Name
(Seasick Love reloaded)

Unser Schiff trieb auf dem Meer, verloren in der Brandung,
in der Kabine kratztest du an meiner Herzenswandung.
Beide ringend mit dem Leben, verlor'n in einem Traum,
doch für manch verwirrte Seele ist das eine Wort nur Schaum.
Für den Weg ins Paradies zu geh'n durch Schmerz und Mord...
"Was meintest du noch eben grad?" "Liebe ist das Wort!"

Und dein Name ist ein schöner, doch geheimer Klang,
er brachte mich zum Leuchten, wann auch immer ich ihn sang!

Verschieden unsre Götter und die Geister, die uns trieben,
doch in jener engen Kammer war'n wir nah dran, uns zu lieben.
Zwei Kerzen brannten durch die Nacht, das Wachs, es tropfte still,
zwei Kinder, die den Morgen rufen, der erscheinen will.
Und als er kam, schrieb ich ein Lied, vor Übermüdung blass.
"Ich bin Poet!" "Das Frühstück wartet, ey, iss erstmal was!"

Und dein Name ist ein schöner, doch geheimer Klang,
er brachte mich zum Leuchten, wann auch immer ich ihn sang!

Der Morgen brachte gold'ne Zeit der Götterdämmerung,
und auch Marias Insel ist nur noch Erinnerung.
Die Zeit mit dir war Sternenstaub und Fleisch und Blut und Schaum,
zu viel von allem, doch zu wenig von dem "Ja", das aufblüht im Vertrau'n.
Das Schiff, es schaukelt reiselustig, komm zurück an Bord!
"An Land ist's schön, wart erstmal ab." "Liebe ist das Wort."

Und dein Name ist ein schöner, doch geheimer Klang,
er brachte mich zum Leuchten, wann auch immer ich ihn sang!

Freundin

Die Welt durch dunkle Sonnenbrillen,
der Kopf voll schwarzer Satansgrillen,
das Glas voll rotem Sommerwein,
so sitz ich im Cafe allein.

Der Ober bringt die Speisekarte,
ich les sie nicht, ich sitz und warte
auf sie, die Freundin Frühlingszeit,
auf Osterglocken Festgeläut.

Einst hatte ich mich ja entschieden:
Der Liebe diene ich hienieden.
Die Zeit danach war frei und froh,
und dir, mein Schatz, ging's ebenso.

Doch der Versucher schoss dazwischen,
getarnt war sein Reptilienzischen
als geisterfüllter Gottesklang,
so glaubten wir dem Teufelsang.

Die Wege seither war'n verschlungen,
wir haben um uns selbst gerungen,
ein jeder auf dem eig'nen Feld,
nicht mehr vereint in Gottes Zelt.

Jedoch zur Lieb' und ihrem Frieden
ist uns nichts Ähnliches beschieden,
ja, alles and're ist nur Sucht,
nur schaler Taumel, nichts als Flucht.

Da schrieb ich ihr, der alten Liebe,
und fragte, ob sie käm' und bliebe.
Sie schrieb zurück: "Mein Freund, na klar!
Mein Herz war dir doch immer nah!"

Nun warte ich hier im Cafe
darauf, dass ich sie wiederseh.
Der Sonnenbrille schwarzen Schleier
leg ich beiseit' zur Osterfeier.

Und triumphal, dem Glück geweiht,
zieht ein die Freundin Frühlingszeit.
Wir haben dort bis in die Nacht
verliebt uns fröhlich angelacht.

Die Liebe ist der stille Warter,
als Brunnen in des Lebens Marter.
Scheint sie auch fern, sie ist nie fort;
sie findet dich an jedem Ort.

Reife

Ich habe mich nach dir gesehnt so viele, viele Jahre...
Vielleicht bist du die Insel, zu der ich seit langem fahre...
Dein grüner Paradiesesschoß heißt mich so froh willkommen...
Dir ist egal, ob ich in Sünde, oder bei den Frommen.

Und dennoch weiß ich, ich bin für dich lediglich ein Stern...
Du hältst dich für die Sonne, und ich fühl', du hast mich gern...
Doch nicht so gern, wie ich dich hab, ringsrum ist noch dein Leben...
Ein Mensch kann keinem anderen ein dauernd' Eden geben.

Es schrieb einst ein Poet sehr wahr: "Was rettet, ist Respekt!"...
Heut weiß ich, wieviel Weisheit doch in diesen Worten steckt...
Erst, wenn wir uns als Menschen sehn und achten unsre Grenzen,
kann echte Liebe möglich sein, und zwischen uns erglänzen.

Zusammenklang

Eins sein und zusammen klingen,
Liebe ist's und Spielerkunst
endlich zu den Sternen dringen,
in berauschter Töne Brunst.

Dennoch: Jeder bleibt er selber,
zollt dem anderen Respekt,
da er weiß, dass wie ein gelber
Funken er im ander'n steckt!

Zu Zweit

Verschränkt mit deiner Liebsten Lilienfingern,
die Abendsonne schmeichelnd auf dem Haus,
ihr bleibt zu zweit jetzt, geht nicht mehr hinaus
und lauscht dem Grammophon, den "Meistersingern".

Hoch von den Dächern spei'n Kamine Ruß,
und Katzen toll'n in letzten Sonnenstrahlen;
wie schön es wäre, dies Idyll zu malen,
doch ihr schickt nur vom Lager einen Gruß!

Dein Kopf ruht nah an deiner Freundin Herz,
das warme Licht bespiegelt eure Wand;
bald wird es draußen kalt, bald gibt es Schnee.

Die Nähe, sie vertreibt der Jahre Schmerz,
noch einmal nimmst du zärtlich ihre Hand,
dann gehst du aus dem Raum und kochst Kaffee

Deine Seele

Deine Hände so zart
streichelten mein Gesicht.
Deine Lippen so voll
küssten meinen Mund.
Dein Wesen so wild
entzündete mein Gemüt.
Dein Geist so klar
erleuchtete meinen Verstand.
Deine Seele...

Deine Seele war ein Meer
von Liebe, Glück, Trauer, Schmerz,
deine Seele war menschlich, seraphisch,
wahr, widersprüchlich, zerbrochen, allumfassend,
groß, und bereit, meine in sich aufzunehmen.

Deine Seele sprach zu meiner,
du Zwilling aus Hodmimirs Holz.

Sie war ein Gruß des Himmels
hinein in eine wartende Welt.

Danke.

Anmerkung: "Hodmimirs Holz" ist ein Baum in der germanischen Mythologie, in dessen Inneren das Liebespaar Liv und Livtrasi das Ragnarök (Götterdämmerung) überleben. Nach dem Neubeginn der Welt verlassen sie den Baum und spielen mit den wiedergekehrten Göttern auf dem Idafeld.

Liebes-Dialektik

Drei Geschlechter-Sonette

Regenwald

Der Wald, er dampft, ein Tapir trinkt am Wasser,
ein Vogelschrei zerreißt die heiße Luft,
von unbekannten Blüten weht ein Duft,
mein Puls vibriert und meine Haut wird nasser.

Polaren kühl jedoch sind deine Augen
und ruhig geht dein Herz in deiner Brust,
du formst bedächtig meine heiße Lust,
um sie moskitogleich aus mir zu saugen.

Und Stille um uns. Ferne tönt das Singen
des Eingebor'nenstamms, ein Mann erliegt
der Jägerin, die heiße Herzen sammelt.

Und seine Zunge schwer und stockend stammelt:
"Du kaltes Weib, jetzt hast du mich besiegt.
Nun wirst du mir das Glück der Liebe bringen!"

Gunthers zweite Chance

Die Sommernacht liegt schwül über dem Weiher.
Lilith sieht Gunther an in wilder Hitze.
"Ich will dich haben, will dich zum Besitze!"
Sie zieht ihn an sich, lüstern fällt ihr Schleier.

Ein Wetterleuchten flackert, dann ein Donner.
Gunther packt Lilith, ringt sie auf den Boden.
"Das Weib will siegen, was sind das für Moden?"
Er bricht den Widerstand, wird endlich ihr Besonner.

Ein sanfter Regen fällt nach dem Gewitter,
Lilith, entmachtet, liegt in Gunthers Armen,
sein starker Speer, der sie besiegt', erschlaffte.

"Was ich bei Brunhild nur durch Siegfried schaffte,
gelang mir hier, doch zeige ich Erbarmen,
mein Liebesschwur tilgt ihre Schmach so bitter."

Sýnthesi stin agápi

"Sei vorsichtig mit meinem zarten Herzen,
dann schmieg ich mich in deine Welle ein,
dann werde ich dein Freund und Liebster sein,
und meine Stärke bringt dir keine Schmerzen."

"Ertrag die Dornen, lass die Rose blühen,
und reiße sie nicht aus voller Gewalt,
dann zeig ich mich in wirklicher Gestalt,
und werde voll Vertrauen mit dir ziehen."

Wir liegen ineinander wie die Kinder,
und streicheln uns in frohgemuter Glut,
die uns erwärmt, sie kann uns nicht verbrennen.

Wenn Mann und Frau auch aneinander Sünder,
so wird in Liebe jede Wunde gut,
und eins die Hälften, nimmermehr zu trennen.

Alles was ich bin (Jasmin)

Und ich ging,
ein gebeutelter Wanderer, gequält von seinen Dämonen,
von dem Wunsch, immer alles richtig zu machen
und der Angst davor, er selbst zu sein,
durch den Salwald der Gerechtigkeit,
bis ich kam zu der lieblichen Lichtung,
wo du saßest.

In das Parfum von sanftem Jasmin getaucht,
im Kleide der Lotosblume,
in Frieden und Sinnlichkeit
riefst du mir zu:
Komm her, zieh dich aus!

Und ich legte meine Kleider ab,
lief dir in die Arme
und flüsterte:
Endlich!

Wie die Brandung das Gestade trifft
und in gnädiger Ekstase aufschäumt,
so traf ich dich
im Haine unsrer Liebe.
Süß wie Honig war dein Gaumen,
deine Brüste berauschten mich,
die Not löste sich
in deiner Tiefe,
und gesättigt blieben wir zurück
und sahen uns an.

Und ich legte meinen Gekreuzigten,
-den armen Mann, gebeugt von Weiblichkeit-
und meinen Widersacher,
-den wütenden Satan des Fickfeuers-
dir zu Füßen
und sagte:

Sei du mein Buddha und lehre mich Liebe.

Da sagtest du:
"LIEBE HEISST LASSEN"
und schautest in meine Augen
mit erleuchteten Om-Fingern.

Da verschmolzen
mein Gekreuzigter
meine Weiblichkeit
mein Satan
und mein Fickfeuer
zu einem erleuchteten
Om Mani Padme Hum
Hallelu Jah
Ich bin der Ich bin
Ja.
Universe I am.

Also dankte ich dir,
verneigte mich
und ging zurück,
ein weicher, starker Wanderer im Einklang seiner Sphären,
im Mut, zu leben, was aus ihm wachsen will,
in Zärtlichkeit zu seiner verzagten Angst,
in Freude verbunden mit Gottes Licht,
im Bewusstsein, er selbst zu sein,
das Selbst zu sein,

durch den Salwald der Liebe

und regnete Gnade
auf die Menschen
am Fuße des Fragens.

Klein und Groß
im Herzen des Jasmin.

Sulamith's Apples

The world is wide and the world is round,
laughter and tears, is what I've found.
I'm marching side by side with the train
that follows the hidden track down through the rain.
And when I come to the garden of love,
I'll visit sweet Sulamith, rising above.

The horror-clowns are in charge of the plane,
they're crashing into September again.
Green Day are reciting "Civil War",
and Axl Rose is heading for heaven's door,
St. Francis meets the devil in disguise,
he tells him, he's now a follower of Christ.

Oh help me out of my bleeding shoe,
and come, hold my hands, they are wounded, too.
Take it away, oh, this thorny crown,
and dress up into your wedding gown!
Give me a kiss, wash away all this strife,
and be my girl for the rest of my life.

Yin und Yang II

Yin ist weiß und Yang ist schwarz,
das Verlangen, seht, euch narrt's,
unter Rinden, süß wie Harz,
Seele eures Gegenparts.

Sulamith und Salomo
lieben sich nun ebenso,
wie in jener Zeit so froh,
eh' man aus dem Garten floh.

Wie im Wald ein Apfelbaum,
ist er seiner Liebsten Traum,
birgt sie sanft, doch lässt ihr Raum,
reitet sie ganz ohne Zaum.

Liebe wird zur wahren Pest,
wenn man keine Freiheit lässt,
darum halt dein Glück nicht fest,
dann kehrt es zurück ins Nest.

Was uns Cupido enthüllt:
In dem andern lebt dein Bild,
er bewahrt es wie ein Schild,
bist du offen und gewillt.

An dem Freunde sich erfreuen,
ohne Fessel, ohne Scheuen,
wird stets beider Kraft erneuen,
nie wird man den Bund bereuen.

Yang ist schwarz und Yin ist weiß,
jetzt, am Ende uns'rer Reis',
offenbar' ich, wie ich heiß.
Komm, wir bilden einen Kreis.

Über den Autor

Patrick Rabe wurde 1976 in Hamburg geboren. Nach 14-jähriger Schulzeit auf einer Waldorf- und einer Staatsschule, die bereits geprägt war von künstlerischen Projekten im schriftstellerischen, musikalischen und Theaterbereich, ging er 1997 ins Ruhrgebiet, um Krankenpfleger zu werden, und seine Studien über das Leben zu betreiben. Eine Krise führte ihn bereits 1998 wieder nach Hamburg, wo er sich einer Künstlergruppe anschloss und sich anschickte, seine alten Talente neu zu entdecken. Die Entscheidung für ein Leben als Künstler fällte er bewusst.

Von 2001 bis 2015 war er Mitglied des Theaterlabor 82 und war außerdem an mehreren Performances von Andreas Leuze beteiligt. Er war Straßen-und Kneipenmusiker, veranstaltete Konzerte und Lesungen. Seit 2005 ist er als Mitgründer an der Literaturgruppe SeelenPFlug beteiligt. Er wurde in mehreren Anthologien veröffentlicht und gewann 2006 den Poetry Slam in der Ponybar. (Slam the Pony)

2015 erschien **Eros und Agape**, Geschichten und Gedichte über die Liebe, bei books on demand.

2016 erschien **Gottes Zelt**, Glaubens-und Liebesgedichte, bei books on demand.

2017 erschien **Sulamiths Äpfel**, Poeme aus dem Garten der Geschlechter, bei books on demand.

To be continued...